THE USBORNE INTERNET-LINKED

# FIRST THOUSAND WORDS IN FRENCH

With Internet-linked pronunciation guide

Heather Amery

Illustrated by Stephen Cartwright

Edited by Nicole Irving

Designed by Andy Griffin

French language consul

With thanks to Te.

D1312938

# About Usborne Quicklinks

To access the Usborne Quicklinks Web site for this book, go to
**www.usborne-quicklinks.com**
and enter the keywords "1000 french". There you can:

- listen to the first thousand words in French, read by a native French speaker

- print out some French picture puzzles for free

- find links to other useful Web sites about France and the French language

### Listening to the words

To hear the words in this book, you will need your Web browser
(e.g. Internet Explorer or Netscape Navigator) and a programme that lets you play sound
(such as RealPlayer® or Windows® Media Player). These programmes are free and, if you
don't already have one of them, you can download them from Usborne Quicklinks.
Your computer also needs a sound card but most
computers already have one of these.

### Note for parents and guardians

Please ensure that your children read and follow the Internet safety
guidelines displayed on the Usborne Quicklinks Web site.

The links in Usborne Quicklinks are regularly reviewed and updated.
However, the content of a Web site may change at any time and Usborne Publishing
is not responsible for the content on any Web site other than its own. We recommend
that children are supervised while on the Internet, that they do not use
Internet Chat Rooms, and that you use Internet filtering software to block
unsuitable material. For more information, see the **Net Help**
area on the Usborne Quicklinks Web site.

On every double page with pictures,
there is a little yellow duck to look for.
Can you find it?

# About this book

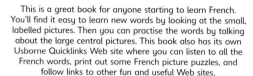

This is a great book for anyone starting to learn French. You'll find it easy to learn new words by looking at the small, labelled pictures. Then you can practise the words by talking about the large central pictures. This book also has its own Usborne Quicklinks Web site where you can listen to all the French words, print out some French picture puzzles, and follow links to other fun and useful Web sites.

## Masculine and feminine words

When you look at French words for things such as "table" or "man", you will see that they have **le**, **la** or **l'** in front of them. This is because all French words for things and people are either masculine or feminine. **Le** is the word for "the" in front of a masculine word, **la** is "the" in front of a feminine word, and you use **l'** in front of words that begin with "a", "e", "i", "o" or "u". In front of the words that are plural (more than one, such as "tables" or "men"), the French word for "the" is **les**.

All the labels in this book show words for things with **le**, **la**, **l'** or **les**. Always learn them with this little word.

## Looking at French words

A few French words have accents. These are signs that are written over or under some letters. Usually they are over the letter "e", and they change the way you say the letter.

## Saying French words

The best way to learn how to say French words is to listen to a French speaker and repeat what you hear. You can listen to all the words in this book on the Usborne Quicklinks Web site. For more information on how to do this, see the page on the left. At the back of this book, there is also a word list with an easy pronunciation guide for each French word.

---

## A computer is not essential

If you don't have access to the Internet, don't worry. This book is a complete and excellent French word book on its own.

---

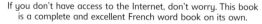

# La maison

la baignoire

le savon

le robinet

le papier
hygiénique

la brosse à dents

l'eau

les toilettes

l'éponge

le lavabo

la douche

le lit

## La salle de bains

## Le salon

la serviette

le dentifrice

la radio

le coussin

le CD

la moquette

le canapé

la chaise

la couette

le peigne

le drap

la descente de lit

l'armoire

# La chambre

l'oreiller

la commode

le miroir

la brosse à cheveux

la lampe

# l'entrée

les posters

le portemanteau

le téléphone

l'escalier

le radiateur

la cassette vidéo

le journal

la table

les lettres

5

# La cuisine

le réfrigérateur

les verres

la pendule

le tabouret

les petites cuillères

l'interrupteur

le paquet
de lessive

la clé

la porte

l'évier

l'aspirateur

les casseroles

les
fourchettes

le
tablier

la planche à
repasser

les ordures

la
bouilloire

les
couteaux

le balai à
franges

le chiffon

les
carreaux

le balai

le lave-linge

la pelle à ordures

le tiroir

les soucoupes

la poêle

la cuisinière

les
cuillères en bois

les assiettes

le fer à repasser

le placard

le torchon

les tasses

les allumettes

la brosse

les bols

7

# Le jardin

la brouette

la ruche

l'escargot

les briques

le pigeon

la bêche

la coccinelle

la poubelle

les graines

l'appentis

l'arrosoir

le ver de terre

les fleurs

le tourniquet

la binette

la guêpe

8

l'abeille   le déplantoir   l'os   la haie   la fourche

la tondeuse

le chemin

les feuilles

l'arbre

la fumée

la chenille

le râteau

le nid

les bâtons

l'herbe   le landau   l'échelle   le feu   le tuyau d'arrosage   la serre

9

# L'atelier

l'étau

les vis

le papier de verre

la perceuse

l'échelle

la scie

la sciure

le calendrier

la boîte à outils

le tournevis

la planche

les copeaux

le canif

10

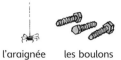 les punaises

l'araignée

les boulons

les écrous

la toile d'araignée

 le tonneau

la mouche

la hache

 le mètre

le marteau

la lime

 le pot de peinture

 les morceaux de bois

les clous

l'établi

les pots

 le rabot

11

# La rue

le magasin

le trou

le café

l'ambulance

le trottoir

l'antenne de
télévision

la cheminée

le toit

le bulldozer

l'autobus

l'hôtel

le monsieur

la voiture de
police

les tuyaux

le marteau
piqueur

l'école

la cour de
récréation

12

le taxi

 le passage pour piétons

 l'usine

 le camion

le feu de signalisation

 le cinéma

 la camionnette

 le rouleau compresseur

 la remorque

 la maison

 le marché

 les marches

 la moto

 l'immeuble

 la bicyclette

le camion de pompiers

l'agent de police

 la voiture

 la dame

le lampadaire

13

# Le magasin de jouets

l'harmonica

le train électrique

les dés

la flûte

le robot

les tambours

le collier

l'appareil photo

les perles

les poupées

la guitare

la bague

la maison de poupée

le sifflet

les cubes

le château fort

le sous-marin

la trompette

les flèches

14

l'arc

le parachute

le bateau à voiles

les bâtons de maquillage

le rouleau compresseur

les masques

la voiture de course

le cheval à bascule

la tirelire

les billes

les marionnettes

le piano

les astronautes

la grue

la pâte à modeler

le fusil

les soldats de plomb

la boîte de peinture

la fusée

15

les balançoires

le bac à sable

le pique-nique

le cerf-volant

la glace

le chien

la barrière

le chemin

le grenouille

le toboggan

# Le jardin public

le banc

les têtards

le lac

les rollers

le buisson

le bébé

 la planche à roulettes

 la terre

 la poussette

 la balançoire

 les enfants

 le tricycle

 les oiseaux

 la clôture

 le ballon

 le bateau

 la ficelle

 la flaque d'eau

 les canetons

 la corde à sauter

 les arbres

 la plate-bande

les cygnes

la laisse

 les canards

 17

# Le zoo

l'aile

l'aigle

l'hippopotame

le panda

la chauve-souris

le gorille

les pattes

le kangourou

le singe

la queue

le loup

le crocodile

le manchot

l'ours

les plumes

le pélican

l'autruche

le dauphin

la girafe

le lion

les lionceaux

18

les bois

le cerf

le dromadaire

le phoque

l'ours blanc

la tortue

la trompe

le rhinocéros

le bison

l'éléphant

le castor

le zèbre

le serpent

la chèvre

le requin

la baleine

le tigre

le léopard

19

# Le voyage

les rails

la locomotive

les tampons

les wagons

le mécanicien

le train de marchandises

le quai

la contrôleuse

la valise

la billetterie

l'hélicoptère

## La gare

## Le garage

les feux de signalisation

les phares

le sac à dos

le moteur

la roue

la batterie

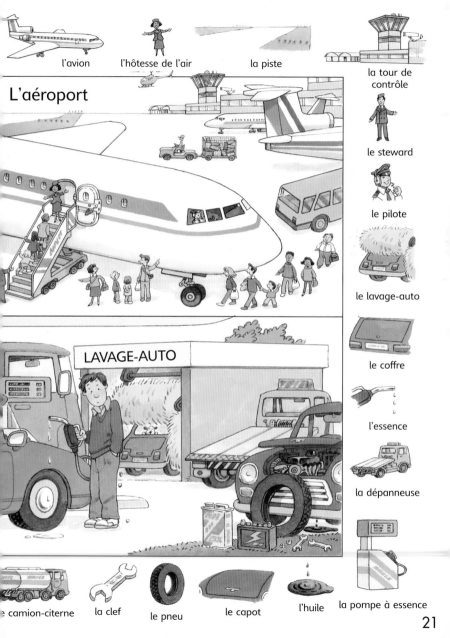

l'avion

l'hôtesse de l'air

la piste

la tour de contrôle

# L'aéroport

le steward

le pilote

le lavage-auto

le coffre

LAVAGE-AUTO

l'essence

la dépanneuse

le camion-citerne

la clef

le pneu

le capot

l'huile

la pompe à essence

21

l'éolienne

la montgolfière

le papillon

le lézard

les pierres

le renard

le ruisseau

le poteau
indicateur

le hérisson

la montagne

l'écluse

l'écureuil

la forêt

le blaireau

la rivière

la route

les tentes

le canal

les rondins

le village

le papillon de nuit

le pont

la péniche

la cascade

le hibou

le tunnel

les renardeaux

la taupe

le pêcheur

les rochers

le crapaud

le train

la caravane

la colline

# La ferme

la meule de foin

le chien de berger

les canards

les agneaux

la mare

les poussins

le grenier

la porcherie

le taureau

les canetons

le poulailler

le tracteur

le coq

les oies

le camion-citerne

la grange

la boue

la charrette

le fermier  le champ  les poules  le veau  la palissade  la selle  l'étable

la vache

la charrue

le verger

l'écurie

les petits cochons

la bergère

les dindons

l'épouvantail

la ferme

le foin  les moutons  les bottes de paille  le cheval  les cochons

25

le bateau à voiles

# La plage

le coquillage

la mer

la rame

le phare

la pelle

le seau

l'étoile de mer

le château
de sable

le parasol

le drapeau

le marin  le crabe la mouette l'île le canot à moteur  le ski nautique

26

les vagues

le chapeau de paille

la falaise

le navire

le kayak

la corde

les galets

les algues

le filet

la pagaie

le bateau de pêche

les palmes

l'âne

le poisson

le maillot de bain

le pétrolier

la plage

la barque

le transat

27

# L'école

les ciseaux

le calcul

la gomme

la règle

les photos

les feutres

les punaises

la boîte de peinture

le garçon

le crayon

le tableau

le bureau

les livres

le stylo
à encre

la colle

la craie

le dessin

28

la corbeille à papier

l'institutrice

la boîte

la carte

le pinceau

le plafond

le mur

le plancher

le cahier

a b c d e f g
h i j k l m n
o p q r s t u
v w x y z

l'alphabet

le badge

l'aquarium

le papier

le store

a b c d e f g
h i j k l m n
o p q r s t u
v w x y z

la poignée

la plante

la mappemonde

la fille

les crayons cire

la lampe

le tableau noir

29

# L'hôpital

l'infirmier

le coton

le médicament

l'ascenseur

la robe de chambre

les béquilles

les comprimés

le plateau

la montre

le thermomètre

l'ours en peluche

la pomme

le rideau

le plâtre

la bande

le fauteuil roulant

le puzzle

le docteur

la seringue

30

# Le docteur

les pantoufles

l'ordinateur

le pansement

la banane

le raisin

le panier

les jouets

la poire

les cartes

la couche

la canne

la télévision

la chemise de nuit

le pyjama

l'orange

les mouchoirs en papier

la BD

la salle d'attente

31

# La fête

le ballon

le chocolat

le bonbon

la fenêtre

les feux d'artifice

le ruban

les cadeaux

le gâteau

la paille

la bougie

la guirlande

les jouets

la clémentine

le saucisson

la cassette

la saucisse

les chips

les déguisements

la cerise

le jus de fruits

la framboise

la fraise

l'ampoule

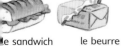
le sandwich

le beurre

le biscuit

le fromage

le pain

la nappe

le pamplemousse

# Le magasin

le sac

la carotte

le chou-fleur

le poireau

le champignon

le concombre

le citron

le céleri

l'abricot

le melon

**FROMAGE**

FRUITS ET LÉGUMES

l'oignon

le chou

la pêche

la laitue

les petits pois

la tomat

les œufs

 la prune

 la farine

 la balance

 les bocaux

 la viande

 l'ananas

 le yaourt

 le panier

 les bouteilles

 le sac à main

 le porte-monnaie

 l'argent

 les boîtes de conserve

 les pommes de terre

les épinards

les haricots

 la caisse

 la citrouille

 le caddie

35

# La nourriture

le petit déjeuner

le déjeuner

l'œuf à la coque

le pain grillé

la confiture

le café

l'œuf au plat

les céréales

le chocolat chaud

la crème

le lait

le miel

le sel

le sucre

le thé

les crêpes

les petits pains

le poivre

36

le dîner

le jambon

la soupe

l'omelette

les baguettes

la salade

le hamburger

le poulet

le riz

le
ketchup

les spaghetti

la purée

la pizza

les frites

les desserts

37

# Moi

la tête — les cheveux
la figure

le bras
le coude
le ventre

les doigts de pied
le pied
la jambe
le genou

le sourcil

l'œil

le nez

la joue

la bouche

les lèvres

les dents

la langue

le menton

les oreilles

le cou

les épaules

la poitrine

le dos

le derrière

la main

le pouce

les doigts

# Les vêtements

les chaussettes    le slip    le maillot de corps    le pantalon    le jean    le tee-shirt

la jupe    la chemise    la cravate    le short    le collant    la robe

le pull-over    le sweat-shirt    le gilet    l'écharpe    le mouchoir

les tennis    les chaussures    les sandales    les bottes    les gants

la ceinture    la boucle    la fermeture éclair    le lacet    le bouton    les boutonnières

les poches    le manteau    le blouson    la casquette    le chapeau

# Les gens

l'acteur

l'actrice

le cuisinier

le danseur    la danseuse

le chanteur

la chanteuse

l'astronaute

les agents de police

le boucher

le menuisier

le pompier

l'artiste

le juge

le mécanicien
la mécanicienne

le coiffeur

le chauffeur de camion

le conducteur d'autobus

la dentiste

l'homme-grenouille

le serveur       la serveuse

le facteur

le peintre

la boulangère

# La famille

la tante     l'oncle

le grand-père

le fils      la fille      la mère      le père
le frère     la sœur     la femme     le mari                    le cousin      la grand-mère

41

# Les actions

rire

sourire

pleurer

penser

écouter

attraper

lancer

casser

peindre

écrire

couper

couper

manger

parler

creuser

porter

boire

faire

sauter

ramper

danser

se laver

tricoter

jouer

regarder

grimper

prendre

sauter à la corde

se bagarrer

dormir

coudre

attendre

faire la cuisine

se cacher

lire

acheter

pousser

chanter

souffler

tirer

balayer

cueillir

tomber

marcher

courir

être assis

43

# Les contraires

loin

près

bien

mal

le haut

le bas

froid

chaud

mouillé

sec

sur

sous

gros

maigre

sale

propre

ouvert

fermé

petit

grand

peu

beaucoup

premier

dernier

à gauche

dehors

dedans

facile

difficile

vide

plein

mou

dur

devant

haut

lent

rapide

derrière

bas

long

court

mort

vivant

sombre

clair

vieux

en haut

à droite

neuf

en bas

45

# Les jours

lundi
mardi
mercredi
jeudi
vendredi
samedi
dimanche

le calendrier

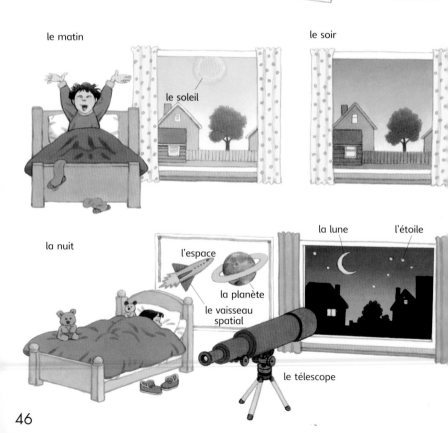

le matin

le soleil

le soir

la nuit

l'espace

la planète

le vaisseau spatial

la lune

l'étoile

le télescope

46

# Jours de fête

l'anniversaire

les vacances

la carte d'anniversaire

la bougie

le cadeau

le gâteau d'anniversaire

le jour du mariage

l'appareil photo

la demoiselle d'honneur

la mariée    le marié

le photographe

Noël

le renne

le traîneau

le père Noël

le sapin de Noël

47

# Le temps

le soleil

les nuages

le parapluie

la pluie

l'éclair

le brouillard

le ciel

la neige

la rosée

le vent

la brume

le givre

l'arc-en-ciel

# Les saisons

le printemps

l'été

l'automne

l'hiver

# Les animaux familiers

le hamster

la vétérinaire

le cochon d'Inde

la niche

le chiot

le chien

la perruche

le perroquet

le bec

la nourriture

le canari

le lapin

la cage

le chat

le panier

le chaton

la souris

le lait

les poissons rouges

49

# Les sports

le basket

l'aviron

le surf de neige

la voile

la planche à voile

le cricket

la raquette

le tennis

le football
américain

la gymnastique

le karaté

la batte

la balle

la canne
à pêche

l'appât

la pêche

la danse

le base-ball

le plongeon

le rugby

la piscine

la natation

la course

la cible

le tir à l'arc

le deltaplane

le casque

le jogging

le cyclisme

l'escalade

le judo

le cheval

le poney

le placard

le football

l'équitation

le vestiaire

le badminton

le tennis de table

les patins à glace

le patinage

le bâton

le télésiège

les skis

le ski

le sumo

51

# Les couleurs

orange

vert

noir

gris

rouge

marron

rose

blanc

bleu

violet

jaune

# Les formes

le rectangle

le cercle

le losange

le cône

l'étoile

le cube

l'ovale

le triangle

le carré

le croissant

# Les nombres

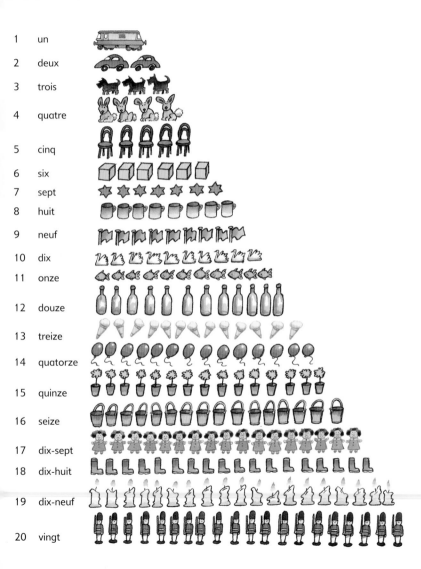

| | |
|---|---|
| 1 | un |
| 2 | deux |
| 3 | trois |
| 4 | quatre |
| 5 | cinq |
| 6 | six |
| 7 | sept |
| 8 | huit |
| 9 | neuf |
| 10 | dix |
| 11 | onze |
| 12 | douze |
| 13 | treize |
| 14 | quatorze |
| 15 | quinze |
| 16 | seize |
| 17 | dix-sept |
| 18 | dix-huit |
| 19 | dix-neuf |
| 20 | vingt |

# La fête foraine

le manège

le paillasson

le toboggan géant

la grande roue

le train fantôme

les anneaux

le pop-corn

les montagnes russes

le tir à la carabine

les autos tamponneuses

la barbe à papa

# Le cirque

le funambule

la perche

le trapèze

le fil

le cycliste acrobate

l'échelle de corde

le filet

les acrobates

le lapin

le dresseur

le chien

le cerceau

le haut-de-forme

le jongleur

le nœud papillon

l'orchestre

l'écuyère

le clown

55

# Word list

In this list, you can find all the French words in this book. They are listed in alphabetical order. Next to each one, you can see its pronunciation (how to say it) in letters *like this*, and then its English translation.

Remember that French nouns (words for things) are either masculine or feminine (see page 3). In the list, each one has **le**, **la**, **l'** or **les** in front of it. These all mean "the". The words with **le** are masculine, those with **la** are feminine.

French nouns that begin with "a", "e", "i", "o" or "u", and many that begin with an "h", have **l'** in front of them. At the end, you will see **(m)** or **(f)** to show if the word is masculine or feminine. Plural nouns (a noun is plural if you are talking about more than one, for example "cats") have **les** in front. These are also followed by **(m)** or **(f)**.

## About French pronunciation

Read the pronunciation as if it were an English word, but try to remember the following points about how French words are said:

● the French **j** is said like the "s" in "treasure"

● when you see (n) or (m) in a pronunciation, you should barely say the "n" or "m"; say the letter that is before it through your nose, as if you had a cold

● the French **r** is made at the back of the throat and sounds a little like gargling

● the French **u** is not like any sound in English. It is a little like a cross between the "ew" of "few" and the "oo" of "food". To say it, round your lips to say "oo", then try to say "ee"; the pronunciations use the letters "ew" to show this sound

## A

| | | |
|---|---|---|
| l'abeille (f) | *labbay* | bee |
| l'abricot (m) | *labreeko* | apricot |
| acheter | *a-shuh-tai* | to buy |
| l'acrobate (m/f) | *la-kro-bat* | acrobat (man/woman) |
| l'acteur (m) | *lak-ter* | actor |
| l'action (f) | *lak-see-o(n)* | action |
| l'actrice (f) | *lak-treess* | actress |
| l'aéroport (m) | *la-ai-roppor* | airport |
| l'agent de police (m) | *la-jo(n) duh poleess* | policeman |
| l'agneau (m) | *lan-yo* | lamb |
| l'aigle (m) | *laigl* | eagle |
| l'aile (f) | *lail* | wing |
| les algues (f) | *lez alg* | seaweed |
| les allumettes (f) | *lez allewmett* | matches |
| l'alphabet (m) | *lalfa-bai* | alphabet |
| l'ambulance (f) | *lo(m)bewla(n)ss* | ambulance |
| l'ampoule (f) | *lo(m)pool* | bulb (light) |
| l'animal familier (m) | *lanneemal fammeel-yai* | pet |
| l'ananas (m) | *la-na-na* | pineapple |
| l'âne (m) | *lan* | donkey |
| les anneaux (m) | *lez annaw* | hoop-la |
| l'anniversaire (m) | *lannee-vair-sair* | birthday |
| l'antenne de télévision (f) | *lo(n)tenn duh tailaiveez-yo(n)* | TV aerial |
| l'appareil photo (m) | *lappa-ray fotto* | camera |
| l'appât (m) | *lappa* | bait |
| l'appentis (m) | *la-po(n)tee* | shed |
| l'aquarium (m) | *lakwaree-om* | aquarium |
| l'araignée (f) | *la-renn-yai* | spider |
| l'arbre (m) | *lar-br* | tree |
| l'arc (m) | *lar-k* | bow |
| l'arc-en-ciel (m) | *lar-ko(n)-see-el* | rainbow |
| l'argent (m) | *lar-jo(n)* | money |
| l'armoire (f) | *lar-mwar* | wardrobe |
| l'arrosoir (m) | *la-rozwar* | watering can |
| l'artiste (m/f) | *lar-teest* | artist (man/woman) |
| l'ascenseur (m) | *lasso(n)-ser* | lift |
| l'aspirateur (m) | *lass-peera-ter* | vacuum cleaner |
| l'assiette (f) | *lassee-yet* | plate |
| l'astronaute (m/f) | *lass-tronnawt* | spaceman/woman |
| l'atelier (m) | *lattuh-lee-yai* | workshop |
| attendre | *atto(n)dr* | to wait |
| attraper | *attra-pai* | to catch |
| l'autobus (m) | *lotto-bewss* | bus |
| l'automne (m) | *lo-tonn* | autumn |
| les autos tamponneuses (f) | *lez otto to(m)ponnerz* | dodgems |
| l'autruche (f) | *law-trewsh* | ostrich |
| l'avion (m) | *lav-yo(n)* | plane |
| l'aviron (m) | *lav-yro(n)* | rowing |

## B

| | | |
|---|---|---|
| le bac à sable | *luh bak-assabl* | sandpit |
| le badge | *luh badj* | badge |
| le badminton | *luh bad-meen-ton* | badminton |
| la bague | *la bag* | ring |
| les baguettes (f) | *lai baggett* | chopsticks |
| la baignoire | *la bai-nwar* | bath |
| le balai | *luh ballai* | broom |
| le balai à franges | *luh ballai-a-fro(n)j* | mop |
| la balance | *la ballo(n)ss* | scales |
| la balançoire | *la ballo(n)-swar* | seesaw |
| les balançoires (f) | *lai ballo(n)-swar* | swings |
| balayer | *ballai-yai* | to sweep |
| la baleine | *la ballenn* | whale |
| la balle | *la bal* | ball (small) |
| le ballon | *luh ballo(n)* | ball (large), balloon |
| la banane | *la bannan* | banana |
| le banc | *luh bo(n)* | bench |

| | | |
|---|---|---|
| la bande | la bon(n)d | bandage |
| la barbe à papa | la bar-ba pappa | candy floss |
| la barque | la bar-rk | rowing boat |
| la barrière | la bar-yair | gate |
| bas | ba | low |
| le bas | luh ba | bottom (not top) |
| le base-ball | luh baiz-boll | baseball |
| le basket | luh bass-ket | basketball |
| le bateau | luh battaw | boat |
| le bateau à voiles | luh battaw a vwal | sailing boat |
| le bateau de pêche | luh battaw duh paish | fishing boat |
| le bâton | luh batto(n) | stick |
| le bâton (de ski) | luh batto(n) (duh skee) | ski pole |
| les bâtons de maquillage (m) | lai batto(n) duh makee-yaj | facepaints |
| la batte | la bat | bat |
| la batterie | la bat-ree | battery |
| la BD | la bai-dai | comic book |
| beaucoup | baw-koo | many |
| le bébé | luh baibai | baby |
| le bec | luh bek | beak |
| la bêche | la baish | spade |
| les béquilles (f) | lai bekee-yuh | crutches |
| le berger | luh bair-jai | shepherd |
| la bergère | la bair-jair | shepherdess |
| le beurre | luh burr | butter |
| la bicyclette | la bee-seeklett | bicycle |
| bien | bee-ya(n) | good |
| les billes (f) | lai bee-yuh | marbles |
| la billetterie | la bee-yet-uhree | ticket machine |
| la binette | la beennet | hoe |
| le biscuit | luh beess-kwee | biscuit |
| le bison | luh beezo(n) | bison |
| le blaireau | luh blai-raw | badger |
| blanc | blo(n) | white |
| bleu | bluh | blue |
| le blouson | luh bloo-zo(n) | jacket |
| les bocaux (m) | lai bokkaw | jars |
| boire | bwar | to drink |
| le bois | luh bwa | wood |
| les bois | lai bwa | antlers |
| la boîte | la bwatt | box |
| la boîte à outils | la bwa-ta-ootee | toolbox |
| la boîte de conserve | la bwatt duh ko(n)sairv | tin |
| la boîte de peinture | la bwatt duh pa(n)tewr | paintbox |
| le bol | luh bol | bowl |
| le bonbon | luh bo(n)bo(n) | sweet |
| la botte | la bot | boot (to wear) |
| la botte de paille | la bot duh pie | straw bale |
| la bouche | la boosh | mouth |
| le boucher | luh booshai | butcher (man) |
| la bouchère | la booshair | butcher (woman) |
| la boucle | la bookl | buckle |
| la boue | la boo | mud |
| la bougie | la boo-jee | candle |
| la bouilloire | la booy-war | kettle |
| le boulanger | luh boolo(n)-jai | baker (man) |
| la boulangère | la boolo(n)-jair | baker (woman) |
| le boulon | luh boolo(n) | bolt |
| la bouteille | la boo-tay | bottle |
| le bouton | luh booto(n) | button |
| les boutonnières (f) | lai boo-ton-yair | button holes |
| le bras | luh bra | arm |
| la brique | la breek | brick |

| | | |
|---|---|---|
| la brosse | la bross | brush |
| la brosse à cheveux | la brossa-shuh-vuh | hairbrush |
| la brosse à dents | la brossa-do(n) | toothbrush |
| la brouette | la broo-ett | wheelbarrow |
| le brouillard | luh broo-yar | fog |
| la brume | la brewm | mist |
| le buisson | luh bwee-so(n) | bush |
| le bulldozer | luh bewl-daw-zair | bulldozer |
| le bureau | luh bew-raw | desk |

# C

| | | |
|---|---|---|
| le caddie | luh kaddee | trolley |
| le cadeau | luh kaddaw | present (gift) |
| le café | luh kaffai | café, coffee |
| la cage | la kaj | cage |
| le cahier | luh ka-yai | notebook |
| la caisse | la kess | checkout |
| le calcul | luh kal-kewl | sums |
| le calendrier | luh kallo(n)-dree-yai | calendar |
| le camion | luh kam-yo(n) | lorry |
| le camion de pompiers | luh kam-yo(n) duh po(m)p-yai | fire engine |
| le camion-citerne | luh kam-yo(n) seetairn | tanker (lorry) |
| la camionnette | la kam-yonnett | van |
| la campagne | la ko(m)-pan-yuh | countryside |
| le canal | luh kannal | canal |
| le canapé | luh kannapai | sofa |
| le canard | luh kannar | duck |
| le canari | luh kannaree | canary |
| le caneton | luh kan-to(n) | duckling |
| le canif | luh kanneef | penknife |
| la canne | la kan | walking stick |
| la canne à pêche | la kanna pesh | fishing rod |
| le canot à moteur | luh kannaw-a-motter | motor-boat |
| le capot | luk kappo | bonnet (car) |
| la caravane | la ka-ra-van | caravan |
| la carotte | ka-rot | carrot |
| le carré | luh karrai | square |
| les carreaux (m) | lai karro | tiles |
| la carte | la kar-t | card, map |
| la carte d'anniversaire | la kar-t dannee-vair-sair | birthday card |
| la cascade | la kass-kad | waterfall |
| le casque | luh kask | helmet |
| la casquette | la kass-ket | cap |
| casser | kassai | to break |
| la casserole | la kass-rol | saucepan |
| la cassette | la kassett | cassette |
| la cassette vidéo | la kassett veedai-o | video (cassette) |
| le castor | luh kass-tor | beaver |
| le CD | luh sai-dai | CD (compact disc) |
| la ceinture | la sa(n)tewr | belt |
| le céleri | luh sell-ree | celery |
| le cerceau | luh sair-saw | hoop |
| le cercle | luh sairkl | circle |
| les céréales (f) | lai sai-rai-al | cereal |
| le cerf | luh sair | deer |
| le cerf-volant | luh sair vollo(n) | kite |
| la cerise | la suh-reez | cherry |
| la chaise | la shaiz | chair |
| la chambre | la sho(m)br | bedroom |
| le champ | luh sho(m) | field |
| le champignon | luh sho(m)peen-yo(n) | mushroom |

| chanter | sho(n)tai | to sing |
|---|---|---|
| le chanteur | luh sho(n)-ter | singer (man) |
| la chanteuse | la sho(n)-terz | singer (woman) |
| le chapeau | luh shappo | hat |
| le chapeau de paille | luh shappo duh pie | straw hat |
| la charrette | la sharrett | cart |
| la charrue | la sharrew | plough |
| le chat | luh sha | cat |
| le château de sable | luh shatto duh sabl | sandcastle |
| le château fort | luh shatto for | castle |
| le chaton | luh shatto(n) | kitten |
| chaud | shaw | hot |
| le chauffeur de camion | luh shoffer duh kam-yo(n) | lorry driver (man/woman) |
| la chaussette | la shossett | sock |
| la chaussure | la shossewr | shoe |
| la chauve-souris | la shawv-sooree | bat |
| le chemin | luh shuh-ma(n) | path, lane |
| la cheminée | la shuh-meenai | chimney |
| la chemise | la shuh-meez | shirt |
| la chemise de nuit | la shuh-meez duh nwee | nightdress |
| la chenille | la shuh-nee-yuh | caterpillar |
| le cheval | luh shuh-val | horse |
| le cheval à bascule | luh shuh-val a baskewl | rocking horse |
| les cheveux (m) | lai shuh-vuh | hair |
| la chèvre | la shaivr | goat |
| le chien | luh shee-a(n) | dog |
| le chien de berger | luh shee-a(n) duh bair-jai | sheepdog |
| le chiffon | luh shee-fo(n) | duster, rag |
| le chiot | shee-o | puppy |
| les chips (f) | lai sheeps | crisps |
| le chocolat | luh sho-ko-la | chocolate |
| le chocolat chaud | luh sho-ko-la shaw | hot chocolate |
| le chou | luh shoo | cabbage |
| le chou-fleur | luh shoo-fler | cauliflower |
| la cible | la seebl | target |
| le ciel | luh see-ell | sky |
| le cinéma | luh seenaima | cinema |
| cinq | sank | five |
| le cirque | luh seerk | circus |
| les ciseaux (m) | lai seezaw | scissors |
| le citron | luh seetro(n) | lemon |
| la citrouille | la seetroo-yuh | pumpkin |
| clair | klair | light (not dark) |
| la clé | la klai | key |
| la clef | la klai | spanner |
| la clémentine | la klemmo(n)-teen | clementine |
| la clôture | la klaw-tewr | railings |
| le clown | luh kloon | clown |
| le clou | luh kloo | nail |
| la coccinelle | la kok-see-nell | ladybird |
| le cochon | luh ko-sho(n) | pig |
| le cochon d'Inde | luh ko-sho(n) da(n)d | guinea pig |
| le coffre | luh kofr | boot (of car) |
| le coiffeur | luh kwa-fer | hairdresser (man) |
| la coiffeuse | la kwa-ferz | hairdresser (woman) |
| le collant | luh ko-lo(n) | tights |
| la colle | la kol | glue |
| le collier | luh kol-yai | necklace |
| la colline | la kolleen | hill |
| la commode | la ko-mod | wardrobe |
| le comprimé | luh ko(m)pree-mai | pill |
| le concombre | luh ko(n)-ko(m)br | cucumber |
| le conducteur d'autobus | luh ko(n)-dewkter daw-taw-bewss | bus driver (man) |
| la conductrice d'autobus | la ko(n)-dewktreess daw-taw-bewss | bus driver (woman) |

| le cône | luh kawn | cone |
|---|---|---|
| la confiture | la ko(n)fee-tewr | jam |
| le contraire | luh ko(n)trair | opposite |
| le contrôleur | luh ko(n)traw-ler | ticket inspector (man) |
| la contrôleuse | la ko(n)traw-lerz | ticket inspector (woman) |
| les copeaux (m) | lai koppaw | (wood) shavings |
| le coq | luh kok | cock |
| le coquillage | luh ko-kee-yaj | shell |
| la corbeille à papier | la kor-bay a pap-yai | wastepaper bin |
| la corde | la kord | rope |
| la corde à sauter | la kord-a-sawtai | skipping rope |
| le coton | luh ko-to(n) | cotton wool |
| le cou | luh koo | neck |
| la couche | la koosh | nappy |
| le coude | luh kood | elbow |
| coudre | koodr | to sew |
| la couette | la koo-ett | duvet |
| la couleur | la koo-ler | colour |
| couper | koo-pai | to cut, to chop |
| la cour de récréation | la koor duh rekrai-ass-yo(n) | playground |
| courir | kooreer | to run |
| la course | la koorss | race |
| court | koor | short |
| le cousin | luh kooza(n) | cousin (boy) |
| la cousine | la koozeen | cousin (girl) |
| le coussin | luh koo-sa(n) | cushion |
| le couteau | luh koo-taw | knife |
| le crabe | luh krab | crab |
| la craie | la krai | chalk |
| le crapaud | luh kra-paw | toad |
| la cravate | la kra-vat | tie |
| le crayon | luh krai-yo(n) | pencil |
| les crayons cire (m) | lai krai-yo(n) seer | crayons |
| la crème | la krem | cream |
| la crêpe | la kraip | pancake |
| creuser | kruh-zai | to dig |
| le cricket | luh kree-ket | cricket (sport) |
| le crocodile | luh kro-ko-deel | crocodile |
| le croissant | luh krwa-so(n) | crescent |
| le cube | luh kewb | cube |
| les cubes (m) | lai kewb | (playing) bricks |
| cueillir | kuh-yeer | to pick |
| la cuillère en bois | la kwee-yair o(n) bwa | wooden spoon |
| la cuisine | la kwee-zeen | kitchen |
| le cuisinier | luh kwee-zeen-yai | cook (man) |
| la cuisinière | la kwee-zeen-yair | cooker, cook (woman) |
| le cyclisme | luh see-kleessm | cycling |
| le/la cycliste acrobate | luh/la see-kleest akro-bat | trick cyclist (man/woman) |
| le cygne | luh seen-yuh | swan |

**D**

| la dame | la dam | woman, lady |
|---|---|---|
| la danse | la do(n)ss | dance |
| danser | do(n)sai | to dance |
| le danseur | luh do(n)-ser | dancer (man) |
| la danseuse | la do(n)-serz | dancer (woman) |
| le dauphin | luh daw-fa(n) | dolphin |
| dedans | duhdo(n) | in, inside |
| les déguisements (m) | lai dai-guee-zuh-mo(n) | fancy dress |
| dehors | duh-or | out, outside |
| le déjeuner | dai-juh-nai | lunch, dinner (lunchtime meal) |
| le deltaplane | delta-plan | hang-gliding |

| | | |
|---|---|---|
| la demoiselle d'honneur | la duh-mwa-zel do-ner | bridesmaid |
| le dentifrice | luh do(n)tee-freess | toothpaste |
| le/la dentiste | luh/la do(n)teest | dentist (man/ woman) |
| la dent | la do(n) | tooth |
| la dépanneuse | la depannerz | breakdown lorry |
| le déplantoir | luh deplo(n)-twar | trowel |
| dernier | dairn-yai | last |
| derrière | dai-riar | behind |
| le derrière | luh dair-yair | bottom (of body) |
| les dés (m) | lai dai | dice |
| la descente de lit | la desso(n)t duh lee | rug |
| le dessert | luh dessair | pudding, dessert |
| le dessin | luh dessa(n) | drawing |
| deux | duh | two |
| devant | duhvo(n) | in front of |
| difficile | dee-fee-seel | difficult |
| dimanche | dee-mo(n)sh | Sunday |
| le dindon | luh da(n)-do(n) | turkey |
| le dîner | luh deenai | supper, dinner (evening meal) |
| dix | deess | ten |
| dix-huit | deez-weet | eighteen |
| dix-neuf | deez-nerf | nineteen |
| dix-sept | deesset | seventeen |
| le docteur | luh dokter | doctor |
| le doigt | luh dwa | finger |
| le doigt de pied | luh dwa duh p-yai | toe |
| dormir | dor-meer | to sleep |
| le dos | luh daw | back (of body) |
| la douche | la doosh | shower |
| douze | dooz | twelve |
| le drap | luh dra | sheet |
| le drapeau | luh dra-paw | flag |
| le dresseur | luh dress-er | ring master |
| à droite | a drwat | (on/to the) right |
| le dromadaire | luh dromma-dair | dromedary |
| dur | dewr | hard |

## E

| | | |
|---|---|---|
| l'eau (f) | law | water |
| l'écharpe (f) | laisharp | scarf |
| l'échelle (f) | laishell | ladder |
| l'échelle de corde (f) | laishell duh kord | rope ladder |
| l'éclair (m) | lai-klair | lightning |
| l'écluse (f) | lai-klewz | lock (on canal) |
| l'école (f) | lai-koll | school |
| écouter | aikootai | to listen |
| écrire | aikreer | to write |
| l'écrou (m) | laikroo | nut (nuts and bolts) |
| l'écureuil (m) | laikew-ruh-yuh | squirrel |
| l'écurie (f) | laikew-ree | stable |
| l'écuyer (m) | laikweeyai | (bareback) rider (man) |
| l'écuyère (f) | laikweeyair | (bareback) rider (woman) |
| l'éléphant (m) | lailaifo(n) | elephant |
| en bas | o(n) ba | downstairs |
| l'enfant (m/f) | lo(n)fo(n) | child |
| en haut | o(n)-aw | upstairs |
| l'entrée (f) | lo(n)trai | hall |
| l'éolienne (f) | lai-ol-yen | windmill |
| l'épaule (f) | lai-pawl | shoulder |
| les épinards (m) | lez aipeenar | spinach |
| l'éponge (f) | laipo(n)j | sponge |
| l'épouvantail (m) | laipoo-vo(n)-tie | scarecrow |
| l'équitation (f) | laikeetass-yo(n) | riding |

| | | |
|---|---|---|
| l'escalade (f) | leska-lad | climbing |
| l'escalier (m) | leskal-yai | stairs, staircase |
| l'escargot (m) | leskar-gaw | snail |
| l'espace (m) | lespass | space |
| l'essence (f) | lesso(n)ss | petrol |
| l'étable (f) | laita-bl | cowshed |
| l'établi (m) | laita-blee | workbench |
| l'étau (m) | lettaw | vice |
| l'été (m) | lettai | summer |
| l'étoile (f) | letwal | star |
| l'étoile de mer (f) | letwal duh mair | starfish |
| être assis | aitr assee | to sit |
| l'évier (m) | lev-yai | sink |

## F

| | | |
|---|---|---|
| facile | fa-seel | easy |
| le facteur | luh fakter | postman |
| la factrice | la faktreess | postwoman |
| faire | fair | to make |
| faire la cuisine | fair la kwee-zeen | to cook |
| la falaise | la fa-laiz | cliff |
| la famille | la fa-mee-yuh | family |
| la farine | la fa-reen | flour |
| le fauteuil roulant | luh fawtuh-yuh roolo(n) | wheelchair |
| la femme | la fam | woman, wife |
| la fenêtre | la fuh-naitr | window |
| le fer à repasser | luh faira-ruhpassai | iron |
| la ferme | la fairm | farm, farmhouse |
| fermé | fairmai | closed |
| la fermeture éclair | la fairmuh-tewr eklair | zip |
| le fermier | luh fairm-yai | farmer (man) |
| la fermière | la fairm-yair | farmer (woman) |
| la fête | la fait | party |
| la fête foraine | la fait forain | fair, fairground |
| le feu | luh fuh | fire |
| le feu de signalisation | luh fuh duh seen-ya-leezasseeo(n) | traffic lights |
| la feuille | la fer-yuh | leaf |
| les feutres (m) | lai fuhtr | felt-tips |
| les feux d'artifice (m) | lai fuh da-rteefeess | fireworks |
| les feux de signalisation (m) | lai fuh duh seen-ya-leezasseeo(n) | signals (railway) |
| la ficelle | la fee-sell | string |
| la figure | la fee-gewr | face |
| le fil | luh feel | tightrope |
| le filet | luh fee-lai | net |
| la fille | la fee-yuh | girl, daughter |
| le fils | luh feess | son |
| la flaque d'eau | la flak daw | puddle |
| la flèche | la flesh | arrow |
| la fleur | la fler | flower |
| la flûte | la flewt | flute |
| le foin | luh fwa(n) | hay |
| le football | luh foot-bol | football |
| le football américain | luh foot-bol a-maireeka(n) | American football |
| la forêt | la forrai | forest |
| la forme | la form | shape |
| la fourche | la foorsh | (garden) fork |
| la fourchette | la foorshett | fork |
| la fraise | la fraiz | strawberry |
| la framboise | la fro(m)-bwaz | raspberry |
| le frère | luh frair | brother |
| les frites (f) | lai freet | chips |
| froid | frwa | cold |
| le fromage | luh frommaj | cheese |
| le fruit | luh frwee | fruit |
| la fumée | la few-mai | smoke |

| le/la funambule | luh/la few-no(m)-bewl | tightrope walker (man/woman) |
| la fusée | la few-zai | rocket |
| le fusil | luh fewzee | gun |

# G

| le galet | luh gallai | pebble |
| le gant | luh gu(n) | glove |
| le garage | luh ga-raj | garage |
| le garçon | luh gar-so(n) | boy |
| la gare | la gar | station |
| le gâteau | luh ga-taw | cake |
| le gâteau d'anniversaire | luh ga-taw dannee-vair-sair | birthday cake |
| à gauche | a gawsh | (on/to) the left |
| le genou | luh juh-noo | knee |
| les gens (m/f) | lai jo(n) | people |
| le gilet | luh jee-lai | cardigan |
| la girafe | la jee-raf | giraffe |
| le givre | luh jeevr | frost |
| la glace | la glahss | ice cream |
| la gomme | la gom | rubber |
| le gorille | luh goree-yuh | gorilla |
| la graine | la grenn | seed |
| grand | gro(n) | big |
| la grand-mère | la gro(n)-mair | grandmother |
| le grand-père | luh gro(n) pair | grandfather |
| la grande roue | la gro(n)d roo | big wheel |
| la grange | la gro(n)j | barn |
| le grenier | luh gruhn-yai | attic |
| la grenouille | la gruh-noo-yuh | frog |
| grimper | gra(m)pai | to climb |
| gris | gree | grey |
| gros | graw | fat |
| la grue | la grew | crane |
| la guêpe | la gaip | wasp |
| la guirlande | la geer-lo(n)d | paper chains |
| la guitare | la gee-tarr | guitar |
| la gymnastique | la jeem-nasteek | gym |

# H

| la hache | la ash | axe |
| la haie | la ai | hedge |
| le hamburger | luh a(m)boor-ger | hamburger |
| le hamster | luh am-stair | hamster |
| le haricot | luh aree-kaw | bean |
| l'harmonica (m) | larmoneeka | harmonica |
| haut | aw | high |
| le haut | luh aw | top |
| le haut-de-forme | luh aw duh form | top hat |
| l'hélicoptère (m) | lellee-koptair | helicopter |
| l'herbe (f) | lairb | grass |
| le hérisson | luh airee-so(n) | hedgehog |
| le hibou | luh eeboo | owl |
| l'hippopotame (m) | leepo-pottam | hippopotamus |
| l'hiver (m) | lee-vair | winter |
| l'homme-grenouille (m) | lom gruhnoo-yuh | frogman |
| l'hôpital (m) | law-peetal | hospital |
| l'hôtel (m) | law-tell | hotel |
| l'hôtesse de l'air (f) | lawtess duh lair | air hostess |
| l'huile (f) | lweel | oil |
| huit | weet | eight |

# I

| l'île (f) | leel | island |

| l'immeuble (m) | lee-merbl | block of flats |
| l'infirmier (m) | la(n)feerm-yai | nurse (man) |
| l'infirmière (f) | la(n)feerm-yair | nurse (woman) |
| l'instituteur (m) | la(n)stee-tewter | teacher (man) |
| l'institutrice (f) | la(n)stee-tewtreess | teacher (woman) |
| l'interrupteur (m) | la(n)terrewp-ter | switch |

# J

| la jambe | la jo(m)b | leg |
| le jambon | luh jo(m)bo(n) | ham |
| le jardin | luh jarda(n) | garden |
| le jardin public | luh jarda(n) pewbleek | park |
| jaune | jawn | yellow |
| le jean | luh djeen | jeans |
| jeudi | juhdee | Thursday |
| le jogging | luh djogeeng | jogging |
| le jongleur | luh jo(n)gl-er | juggler (man) |
| la jongleuse | la jo(n)glerz | juggler (woman) |
| la joue | la joo | cheek |
| jouer | joo-ai | to play |
| le jouet | luh joo-ai | toy |
| le journal | luh joor-nal | newspaper |
| le jour | le joor | day |
| le jour de fête | luh joor duh fait | (public) holiday, festival |
| le jour du mariage | luh joor dew marree-aj | wedding day |
| le judo | luh jew-daw | judo |
| le juge | luh jewj | judge (man/woman) |
| la jupe | la jewp | skirt |
| le jus de fruits | luh jew duh frwee | fruit juice |

# K

| le kangourou | luh ko(n)-gooroo | kangaroo |
| le karaté | luh karatai | karate |
| le kayak | luh kayak | kayak |
| le ketchup | luh ketchup | tomato sauce |

# L

| le lac | luh lak | lake |
| le lacet | luh lassai | shoelace |
| la laisse | la less | lead |
| le lait | luh lai | milk |
| la laitue | la laitew | lettuce |
| le lampadaire | luh lo(m)pa-dair | street lamp |
| la lampe | la lo(m)p | lamp |
| lancer | lo(n)sai | to throw |
| le landau | luh lo(n)daw | push-chair |
| la langue | la lo(n)g | tongue |
| le lapin | luh la-pa(n) | rabbit |
| le lavabo | luh la-vabbaw | washbasin |
| le lavage-auto | luh la-vaj-otto | car wash |
| le lave-linge | luh lav-la(n)j | washing machine |
| le légume | luh legewm | vegetable |
| lent | lo(n) | slow |
| le léopard | luh lai-opar | leopard |
| la lettre | la letr | letter |
| la lèvre | la lair | lip |
| le lézard | luh lezar | lizard |
| la lime | la leem | file |
| le lion | luh lee-o(n) | lion |
| le lionceau | luh lee-o(n)saw | lion cub |
| lire | leer | to read |
| le lit | luh lee | bed |

| | | |
|---|---|---|
| le livre | *luh leevr* | book |
| la locomotive | *la lo-ko-moteev* | (train) engine |
| loin | *lwa(n)* | far |
| long | *lo(n)* | long |
| le losange | *luh lo-zo(n)j* | diamond |
| le loup | *luh loo* | wolf |
| lundi | *lu(n)dee* | Monday |
| la lune | *la lewn* | moon |

## M

| | | |
|---|---|---|
| le magasin | *luh magga-za(n)* | shop |
| le magasin de jouets | *luh magga-za(n) duh joo-ai* | toyshop |
| maigre | *maigr* | thin |
| le maillot de bain | *luh ma-yo duh ba(n)* | swimsuit |
| le maillot de corps | *luh ma-yo duh kor* | vest |
| la main | *la ma(n)* | hand |
| la maison | *la mai-zo(n)* | house |
| la maison de poupée | *la mai-zo(n) duh poopai* | doll's house |
| mal | *mal* | bad |
| le manchot | *luh mo(n)-shaw* | penguin |
| le manège | *luh man-aij* | roundabout |
| manger | *mo(n)jai* | to eat |
| le manteau | *luh mo(n)taw* | coat |
| la mappemonde | *la map-mo(n)d* | globe |
| le marché | *luh mar-shai* | market |
| marcher | *mar-shai* | to walk |
| la marche | *la ma-rsh* | step |
| la mare | *la mar* | pond |
| mardi | *mar-dee* | Tuesday |
| le mari | *luh ma-ree* | husband |
| le marié | *luh ma-ree-ai* | bridegroom |
| la mariée | *la ma-ree-ai* | bride |
| le marin | *luh ma-ra(n)* | sailor |
| la marionnette | *la ma-ree-onett* | puppet |
| marron | *ma-ro(n)* | brown |
| le marteau | *luh ma-rtaw* | hammer |
| le marteau piqueur | *luh ma-rtaw pee-ker* | drill |
| le masque | *luh ma-sk* | mask |
| le matin | *luh ma-ta(n)* | morning |
| le mécanicien | *luh mekka-neess-ya(n)* | mechanic, train driver (man) |
| la mécanicienne | *la mekka-neess-yen* | mechanic, train driver (woman) |
| le médicament | *luh meddee-kahmo(n)* | medicine |
| le melon | *luh muhlo(n)* | melon |
| le menton | *luh mo(n)to(n)* | chin |
| le menuisier | *luh muhn-weez-yai* | carpenter |
| la mer | *la mair* | sea |
| mercredi | *mair-kruh-dee* | Wednesday |
| la mère | *la mair* | mother |
| le mètre | *luh maitr* | tape measure |
| la meule de foin | *la merl duh fwa(n)* | haystack |
| le miel | *luh mee-ell* | honey |
| le miroir | *luh meer-wahr* | mirror |
| moi | *mwa* | me |
| le monsieur | *luh muhss-yuh* | man |
| la montagne | *la mo(n)-tan-yuh* | mountain |
| les montagnes russes (f) | *lai mo(n)-tan-yuh rewss* | big dipper |
| la montgolfière | *la mo(n)golf-gair* | hot-air balloon |
| la montre | *la mo(n)tr* | watch |
| la moquette | *la mo-kett* | carpet |
| le morceau de bois | *luh mor-saw duh bwa* | wood |
| mort | *mor* | dead |
| le moteur | *maw-ter* | engine |
| la moto | *la mawtaw* | motorcycle |
| mou | *moo* | soft |
| la mouche | *la moosh* | fly |

| | | |
|---|---|---|
| le mouchoir | *luh moosh-wahr* | handkerchief |
| le mouchoir en papier | *luh moosh-wahr o(n) pap-yai* | tissue |
| mouillé | *moo-yai* | wet |
| la mouette | *la moo-ett* | seagull |
| le mouton | *luh moo-to(n)* | sheep |
| le mur | *luh mewr* | wall |

## N

| | | |
|---|---|---|
| la nappe | *la nap* | tablecloth |
| la natation | *la na-tass-yo(n)* | swimming |
| la navire | *luh na-veer* | ship |
| la neige | *la naij* | snow |
| neuf | *nerf* | new, nine |
| le nez | *luh nai* | nose |
| la niche | *la neesh* | kennel |
| le nid | *luh nee* | nest |
| Noël | *no-ell* | Christmas |
| le nœud papillon | *luh nuh papee-yo(n)* | bow tie |
| noir | *nwar* | black |
| le nombre | *luh no(m)br* | number |
| la nourriture | *la nooree-tewr* | food |
| le nuage | *luh new-aj* | cloud |
| la nuit | *la nwee* | night |

## O

| | | |
|---|---|---|
| l'œil (m) | *ler-yuh* | eye |
| l'œuf (m) | *lerf* | egg |
| l'œuf à la coque (m) | *lerf-alla-kok* | boiled egg |
| l'œuf au plat (m) | *lerf-awpla* | fried egg |
| l'oie (f) | *lwa* | goose |
| l'oignon (m) | *lonn-yo(n)* | onion |
| l'oiseau (m) | *lwa-zaw* | bird |
| l'omelette (f) | *lom-let* | omelette |
| l'oncle (m) | *lo(n)kl* | uncle |
| onze | *o(n)z* | eleven |
| orange | *oro(n)j* | orange (colour) |
| l'orange (f) | *oro(n)j* | orange (fruit) |
| l'orchestre (m) | *lor-kestr* | orchestra |
| l'ordinateur (m) | *lordee-na-ter* | computer |
| les ordures (f) | *lez ordewr* | rubbish |
| l'oreille (f) | *lo-ray* | ear |
| l'oreiller (m) | *lorai-yai* | pillow |
| l'os (m) | *loss* | bone |
| l'ours (m) | *loorss* | bear |
| l'ours blanc (m) | *loorss blo(n)* | polar bear |
| l'ours en peluche (m) | *loorss o(n) plewsh* | teddy bear |
| ouvert | *oovair* | open |
| l'ovale (m) | *lo-val* | oval |

## P

| | | |
|---|---|---|
| la pagaie | *la paggai* | paddle |
| la paille | *la pie* | (drinking) straw |
| le pain | *luh pa(n)* | bread |
| le pain grillé | *luh pa(n) gree-yai* | toast |
| le paillasson | *luh pie-ya-so(n)* | mat |
| la palissade | *la pallee-sad* | fence |
| les palmes (f) | *lai palm* | flippers |
| le pamplemousse | *luh po(n)pl-mooss* | grapefruit |
| le panda | *luh po(n)-da* | panda |
| le panier | *luh pan-yai* | basket |
| le pansement | *luh po(n)s-mo(n)* | bandage |
| le pantalon | *luh po(n)-ta-lo(n)* | trousers |
| la pantoufle | *lai po(n)toofl* | slipper |
| le papier | *luh pap-yai* | paper |
| le papier de verre | *luh pap-yai duh vair* | sandpaper |

| French | Pronunciation | English |
|---|---|---|
| le papier hygiénique | luh pap-yai ee-jyaineek | toilet paper |
| le papillon | luh pa-pee-yo(n) | butterfly |
| le papillon de nuit | luh pa-pee-yo(n) duh nwee | moth |
| le paquet de lessive | luh pa-kai duh lesseev | washing powder |
| le parachute | luh pa-ra-shewt | parachute |
| le parapluie | luh pa-ra-plwee | umbrella |
| le parasol | luh pa-ra-sol | beach umbrella |
| parler | pa-rlai | to talk |
| le passage pour piétons | luh pa-saj poor pee-ai-to(n) | crossing |
| la pâte à modeler | la pat a mo-duh-lai | playdough |
| le patinage | luh pa-tee-nahj | ice-skating |
| le patin à glace | luh pa-ta(n) a glas | ice skate |
| la patte | la pat | paw |
| la pêche | la paish | fishing |
| le pêcheur | luh pesh-er | fisherman |
| le peigne | luh penn-yuh | comb |
| peindre | pa(n)dr | to paint |
| le peintre | luh pa(n)tr | painter |
| le pélican | luh pelleeko(n) | pelican |
| la pelle | la pell | spade |
| la pelle à ordures | la pell a ordewr | dustpan |
| la pendule | la po(n)dewl | clock |
| la péniche | la penneesh | barge |
| penser | po(n)sai | to think |
| la perceuse | la pair-suhz | drill |
| la perche | la pairsh | pole |
| le père | luh pair | father |
| le père Noël | luh pair no-ell | Father Christmas |
| la perle | la perl | bead |
| le perroquet | luh perrokai | parrot |
| la perruche | la perrewsh | budgerigar |
| petit | puh-tee | small |
| le petit déjeuner | luh puh-tee dai-juh-nai | breakfast |
| la petite cuillère | la puh-teet kwee-yair | teaspoon |
| le petit cochon | luh puhtee kosho(n) | piglet |
| le petit pain | luh puhtee pa(n) | bread roll |
| les petits pois (m) | lai puh-tee pwa | peas |
| le pétrolier | luh petrol-yai | petrol tanker (ship) |
| peu | puh | few |
| le phare | luh fahr | lighthouse |
| les phares (m) | lai fahr | headlights |
| le phoque | luh fok | seal |
| la photo | la fottaw | photograph |
| le/la photographe | luh/la fottaw-graf | photographer (man/woman) |
| le piano | luh pee-anno | piano |
| le pied | luh pee-ai | foot |
| la pierre | la pee-air | stone |
| le pigeon | luh pee-jo(n) | pigeon |
| le pilote | luh pee-lot | pilot |
| le pinceau | luh pa(n)-saw | paintbrush |
| le pique-nique | luh peek-neek | picnic |
| la piscine | la pee-seen | swimming pool |
| la piste | la peest | runway |
| la pizza | la peetza | pizza |
| le placard | luh pla-kahr | cupboard |
| le plafond | luh pla-fo(n) | ceiling |
| la plage | la plaj | beach |
| la planche | la plo(n)sh | plank |
| la planche à repasser | la plo(n)sh a ruh-passai | ironing board |
| la planche à roulettes | la plo(n)sh a roollett | skateboard |
| la planche à voile | la plo(n)sh a vwal | windsurfing |
| le plancher | luh plo(n)shai | floor |
| la planète | la pla-net | planet |
| la plante | la plo(n)t | plant |
| le plateau | luh pla-taw | tray |
| la plate-bande | la platt-bo(n)d | flower bed |
| le plâtre | luh platr | plaster |

| French | Pronunciation | English |
|---|---|---|
| plein | pla(n) | full |
| pleurer | pluh-rai | to cry |
| le plongeon | luh plo(n)-jo(n) | diving |
| la pluie | la plwee | rain |
| la plume | la plewm | feather |
| le pneu | luh p-nuh | tyre |
| la poche | la posh | pocket |
| la poêle | la pwal | frying pan |
| la poignée | la pwan-yai | door handle |
| la poire | la pwar | pear |
| le poireau | luh pwa-ro | leek |
| le poisson | luh pwa-so(n) | fish |
| le poisson rouge | luh pwa-so(n) rooj | goldfish |
| la poitrine | la pwa-treen | chest (body) |
| le poivre | luh pwavr | pepper |
| la pomme | la pom | apple |
| la pomme de terre | la pom duh tair | potato |
| la pompe à essence | la po(m)pa esso(n)ss | petrol pump |
| le pompier | luh po(m)p-yai | fireman |
| le poney | luh ponnai | pony |
| le pont | luh po(n) | bridge |
| le pop-corn | luh pop-korn | popcorn |
| la porcherie | la por-shuh-ree | pigsty |
| la porte | la port | door |
| le portemanteau | luh port-mo(n)taw | peg (for clothes) |
| le porte-monnaie | luh port monnai | purse |
| porter | portai | to carry |
| le poster | luh poss-tair | poster |
| le pot de peinture | luh po duh pa(n)tewr | paint pot |
| le poteau indicateur | luh po-taw a(n)deeka-ter | signpost |
| le pot | luh po | jar |
| la poubelle | la poobell | dustbin |
| le pouce | luh pooss | thumb |
| le poulailler | luh poo-lie-yai | hen house |
| la poule | la pool | hen |
| le poulet | luh poollai | chicken |
| la poupée | la poo-pai | doll |
| pousser | poossai | to push |
| la poussette | la poossett | push-chair |
| le poussin | luh poossa(n) | chick |
| premier | pruhm-yai | first |
| prendre | pro(n)dr | to take |
| près | prai | near |
| le printemps | luh pra(n)-to(m) | spring (season) |
| propre | propr | clean |
| la prune | la prewn | plum |
| le pull-over | luh pewllo-vair | jumper |
| la punaise | la pewnaiz | tack, drawing pin |
| la purée | la pew-rai | mashed potatoes |
| le puzzle | luh puhzl | jigsaw |
| le pyjama | luh pee-jamma | pyjamas |

## Q

| French | Pronunciation | English |
|---|---|---|
| le quai | luh kai | platform |
| quatorze | ka-torz | fourteen |
| quatre | katr | four |
| la queue | la kuh | tail |
| quinze | ka(n)z | fifteen |

## R

| French | Pronunciation | English |
|---|---|---|
| le rabot | luh ra-bo | (wood) plane |
| le radiateur | luh rad-yat-er | radiator |
| la radio | la rad-yo | radio |
| les rails (m) | lai rye | railway track |
| le raisin | luh raiza(n) | grapes |
| la rame | la ram | oar |

| ramper | ro(m)pai | to crawl |
| --- | --- | --- |
| rapide | ra-peed | fast |
| la raquette | la ra-ket | racket |
| le râteau | luh ra-to | rake |
| le rectangle | luh rek-to(n)gl | rectangle |
| le réfrigérateur | luh rai-free-jaira-ter | fridge |
| regarder | ruh-ga-rdai | to watch, to look |
| la règle | la raigl | ruler |
| la remorque | la ruh-mork | trailer |
| le renard | luh ruh-nar | fox |
| le renardeau | luh ruh-nar-do | fox cub |
| le renne | luh renn | reindeer |
| le requin | luh ruh-ka(n) | shark |
| le rhinocéros | luh reenno-saiross | rhinoceros |
| le rideau | luh ree-do | curtain |
| rire | reer | to laugh |
| la rivière | la reev-yair | river |
| le riz | luh ree | rice |
| la robe | la rob | dress |
| la robe de chambre | la rob duh sho(m)br | dressing gown |
| le robinet | luh robbee-nai | tap |
| le robot | luh robbo | robot |
| le rocher | luh ro-shai | rock |
| les rollers (m) | lai rollair | roller blades |
| le rondin | luh ro(n)da(n) | log |
| rose | roz | pink |
| la rosée | la ro-zai | dew |
| la roue | la roo | wheel |
| rouge | rooj | red |
| le rouleau compresseur | luh roo-lo ko(m)press-er | roller |
| la route | la root | road |
| le ruban | luh rewbo(n) | ribbon |
| la ruche | la rewsh | beehive |
| la rue | la rew | street |
| le rugby | luh rewg-bee | rugby |
| le ruisseau | luh rwee-saw | stream |

## S

| le sable | luh sabl | sand |
| --- | --- | --- |
| le sac | luh sak | bag, carrier bag |
| le sac à dos | luh sakka-daw | rucksack |
| le sac à main | luh sakka-ma(n) | handbag |
| la saison | la saizo(n) | season |
| la salade | la sa-lad | lettuce, salad |
| sale | sal | dirty |
| la salle d'attente | la sal da-to(n)t | waiting room |
| la salle de bains | la sal duh ba(n) | bathroom |
| le salon | luh sa-lo(n) | sitting room |
| samedi | sam-dee | Saturday |
| la sandale | la so(n)-dal | sandal |
| le sandwich | luh so(n)d-weech | sandwich |
| le sapin de Noël | luh sa-pa(n) duh no-ell | Christmas tree |
| la saucisse | la saw-seess | sausage |
| le saucisson | luh saw-see-so(n) | salami |
| sauter | saw-tai | to jump |
| sauter à la corde | saw-tai alla kord | to skip |
| le savon | luh sah-vo(n) | soap |
| la scie | la see | saw |
| la sciure | la see-ewr | sawdust |
| le seau | luh saw | bucket |
| se bagarrer | suh ba-garrai | to fight |
| sec | sek | dry |
| se cacher | suh ka-shai | to hide |
| seize | saiz | sixteen |
| le sel | luh sell | salt |
| se laver | suh la-vai | to wash |
| la selle | la sell | saddle |

| sept | sett | seven |
| --- | --- | --- |
| la seringue | la suh-ra(n)g | syringe |
| le serpent | luh sair-po(n) | snake |
| la serre | la sair | greenhouse |
| le serveur | luh sairv-er | waiter |
| la serveuse | la sair-verz | waitress |
| la serviette | la sairv-yet | towel |
| le short | luh shorrt | shorts |
| le sifflet | luh see-flai | whistle |
| le singe | luh sa(n)j | monkey |
| six | seess | six |
| le ski | luh skee | skiing |
| le ski nautique | luh skee nawteek | water-skiing |
| le slip | luh sleep | pants |
| la sœur | la ser | sister |
| le soir | luh swar | evening |
| le soldat de plomb | luh sol-da duh plo(m) | tin soldier |
| le soleil | luh so-lay | sun |
| sombre | so(m)br | dark |
| la soucoupe | la soo-koop | saucer |
| souffler | soo-flai | to blow |
| la soupe | la soop | soup |
| le sourcil | luh soor-see | eyebrow |
| sourire | sooreer | to smile |
| la souris | la soo-ree | mouse |
| sous | soo | under |
| le sous-marin | luh soo-ma-ra(n) | submarine |
| les spaghetti (m) | lai spa-gettee | spaghetti |
| le sport | luh spor | sport |
| le steward | luh stew-ard | air steward |
| le store | luh stor | (window) blind |
| le stylo à encre | luh stee-lo a o(n)kr | fountain pen |
| le sucre | luh sewkr | sugar |
| le sumo | luh sewmo | sumo wrestling |
| sur | sewr | over |
| le surf de neige | luh suhrf duh naij | snowboarding |
| le sweat-shirt | luh sweat-shirrt | sweat-shirt |

## T

| la table | la tabl | table |
| --- | --- | --- |
| le tableau | luh ta-blaw | board |
| le tableau noir | luh ta-blaw nwar | blackboard |
| le tablier | luh ta-blee-ai | apron |
| le tabouret | luh ta-boo-rai | stool |
| le tambour | luh to(m)-boor | drum |
| les tampons (m) | lai to(m)-po(n) | buffers |
| la tante | la to(n)t | aunt |
| la tasse | la tass | cup |
| la taupe | la tawp | mole |
| le taureau | luh taw-raw | bull |
| le taxi | luh ta-xee | taxi |
| le tee-shirt | luh tee-shirrt | T-shirt |
| le téléphone | luh tellai-fon | telephone |
| le télescope | luh tellai-skop | telescope |
| le télésiège | luh tellaiss-yaij | chairlift |
| la télévision | la tellai-veez-yo(n) | television |
| le temps | luh to(m) | weather |
| le tennis | luh tenneess | trainers |
| le tennis de table | luh tenneess duh tabl | table tennis |
| la tente | la to(n)t | tent |
| la terre | la tair | earth |
| le têtard | luh tai-tar | tadpole |
| la tête | la tait | head |
| le thé | luh tai | tea |
| le thermomètre | luh thar-mo-maitr | thermometer |
| le tigre | luh teegr | tiger |
| le tir à la carabine | luh teer alla ka-ra-been | rifle range |
| le tir à l'arc | luh teer allark | archery |

| | | |
|---|---|---|
| tirer | teerai | to pull |
| la tirelire | la teer-leer | money box |
| le tiroir | luh teerwar | drawer |
| le toboggan | luh to-bo-go(n) | slide |
| le toboggan géant | luh to-bo-go(n) jai-o(n) | helter-skelter |
| la toile d'araignée | la twall da-renn-yai | cobweb |
| les toilettes (f) | lai twa-lett | toilet |
| le toit | luh twa | roof |
| la tomate | la to-mat | tomato |
| tomber | to(m)-bai | to fall |
| la tondeuse | la to(n)-derz | lawn mower |
| le tonneau | luh tonnaw | barrel |
| le torchon | luh tor-shon | tea towel |
| la tortue | la tor-tew | tortoise |
| la tour de contrôle | la toor duh ko(n)trawl | control tower |
| le tournevis | luh toor-nuh-veess | screwdriver |
| le tourniquet | luh toor-neekai | sprinkler |
| le tracteur | luh trak-ter | tractor |
| le train | luh tra(n) | train |
| le train de marchandises | luh tra(n) duh mar-sho(n)-deez | goods train |
| le train électrique | luh tra(n) ellek-treek | train set |
| le traîneau | luh trai-naw | sleigh |
| le train fantôme | luh tra(n) fo(n)tawm | ghost train |
| le transat | luh tro(n)-zat | deck chair |
| le trapèze | luh tra-paiz | trapeze |
| treize | traiz | thirteen |
| le triangle | luh tree-o(n)gl | triangle |
| le tricycle | luh tree-seekl | tricycle |
| tricoter | tree-kottai | to knit |
| trois | trwa | three |
| la trompe | la tro(m)p | trunk |
| la trompette | la tro(m)-pet | trumpet |
| le trottoir | luh tro-twar | pavement |
| le trou | luh troo | hole |
| le tunnel | luh tew-nell | tunnel |
| le tuyau | luh twee-yaw | pipe |
| le tuyau d'arrosage | luh twee-yaw da-ro-zaj | hose |

## U

| | | |
|---|---|---|
| un | o(n) | one |
| l'usine (f) | lew-zeen | factory |

## V

| | | |
|---|---|---|
| les vacances (f) | lai va-ko(n)ss | holiday |
| la vache | la vash | cow |
| la vague | la vag | wave |
| le vaisseau spatial | luh vai-saw spa-see-al | spaceship |
| la valise | la va-leez | suitcase |
| le veau | luh vaw | calf |
| vendredi | vo(n)-druh-dee | Friday |
| le vent | luh vo(n) | wind |
| le ventre | luh vo(n)tr | tummy |
| le ver de terre | luh vair duh tair | worm |
| le verger | luh vair-jai | orchard |
| le verre | luh vair | glass |
| vert | vair | green |
| le vestiaire | luh vest-yair | changing room |
| les vêtements (m) | lai vait-mo(n) | clothes |
| le/la vétérinaire | luh/la vettaireenair | vet (man/woman) |
| la viande | la vee-o(n)d | meat |
| vide | veed | empty |
| vieux | vee-yuh | old |
| violet | vee-olai | purple |
| le village | luh vee-laj | village |
| vingt | va(n) | twenty |

| | | |
|---|---|---|
| la vis | la veess | screw |
| vivant | vee-vo(n) | alive |
| la voile | la vwal | sailing |
| la voiture | la vwa-tewr | car |
| la voiture de course | la vwa-tewr duh koorss | racing car |
| la voiture de police | la vwa-tewr duh po-leess | police car |
| le voyage | luh vwa-yaj | travel |

## W

| | | |
|---|---|---|
| le wagon | luh va-go(n) | carriage |

## Y

| | | |
|---|---|---|
| le yaourt | luh ya-oort | yoghurt |

## Z

| | | |
|---|---|---|
| le zèbre | luh zaibr | zebra |
| le zoo | luh zo-o | zoo |

This revised edition first published in 1995 by Usborne Publishing Ltd, Usborne House, 83-85 Saffron Hill, London EC1N 8RT, England. www.usborne.com
Based on a previous title first published in 1979.
Copyright © 2002, 1995, 1979 Usborne Publishing Ltd.